KARL VALENTIN

Riesenblödsinn!

Mit Bildern von Gerhard Glück

Lappan

Beim Kirchweihfest am Lande

Beim Kirchweihfest am Lande
Wird g'rauft, das ist so Brauch
Der Huberbauer Michl
Der rauft natürlich auch
Der Schuster haut ihm 's Ohr weg
Der Bader nähts ihm an
So amüsiert sich jeder
So gut er eben kann.

Der Liebesbrief

Lieber Geliebter!

Mit weinenden Händen nehme ich den Federhalter in meine Hände und schreibe Dir. Seit langer Zeit hast Du mir nicht geschrieben. Warum das?

Wo Du mir doch kürzlich in einem Brief sagtest, dass Du mir schreiben würdest, wenn ich Dir nicht schreiben würde. Mein Vater hat mir gestern auch geschrieben. Er sagt mir, dass er Dir geschrieben hat. Du dagegen, Du hast mir kein Wort geschrieben, um mir zu sagen, dass er Dir geschrieben hätte. Wenn Du mir geschrieben hättest, dass mein Vater Dir geschrieben hat, hätte ich an meinen Vater geschrieben, dass Du ihm schreiben wolltest, aber leider nicht die Zeit zum Schreiben hättest, sonst hättest Du ihm schon geschrieben.

Du hast nicht *einen* Antwortbrief geschrieben auf alle die, die ich Dir geschrieben habe, was alle diese schriftlichen Geschichten so traurig macht. Wenn Du nicht schreiben könntest, wäre das was anderes, ich würde Dir dann auch nicht schreiben. Aber Du *kannst* schreiben und schreibst trotzdem nicht, wenn ich schreibe.

Ich beende meinen Brief, indem ich Dir schreibe, dass ich hoffe, dass Du mir endlich schreiben wirst. Wenn nicht, ist das der letzte Brief, den ich schreibe. Wenn Du mir auch dieses Mal nicht schreiben solltest, dann schreib mir wenigstens, um mir zu sagen, dass Du mir überhaupt nicht schreiben willst. Ich werde so wissen, warum Du mir niemals geschrieben hast.

Verzeihe mir die schlechte Schrift, ich bekomme immer den Schreibkrampf, wenn ich schreibe. Du bekommst natürlich nie den Schreibkrampf, weil Du nie schreibst.

Gruß und Kuss

Deine N. N.

Eine Moritat im Großstadtdunkel

1. 's war mal ein Mann und seine Gattin,
Doch alle beide taugten nichts,
Da wollt' er seine Frau ermorden:
Das war der Plan des Bösewichts.
's war finstre Nacht – mit der Pistole
Ins Zimmer er zu seiner Gattin kroch:
Doch traf er s' nicht – es war zu finster,
Nur durch die Wand schoss er ein tiefes Loch.

2. Die andern Leute, neben in dem Zimmer,
Die fanden andern Tags ein Stückchen Blei:
Das muss von einem Mordversuch herrühren,
Man holte gleich die hohe Polizei.
Die Polizei tat dann das Loch betrachten
Und auch sodann das kleine Stückchen Blei,
Und hat es auch sofort herausgefunden,
Dass das a abgeschossne Kugel sei.

3. Die Polizei sah durch das Loch hinüber,
Und die behauptete es ganz gewiss,
Dass diese Kugel unbedingt von drüben
Durch dieses Loch herüber g'flogen is.
Die Polizei ging schleunigst nun hinüber,
Und siehe da, nun war es ganz gewiss,
Dass diese Kugel gänzlich ohne Zweifel
Von hier hinüber g'schossen worden is.

4. Nun ging man dran, den Mörder aufzusuchen,
Man hat durchsucht beinah das ganze Haus,
Doch schließlich hat man es dann aufgegeben,
Denn wie es schien – war der gar nicht zu Haus.
Die Polizei nahm einen weißen Zettel
Und schrieb darauf, dass sie jetzt geht,
Der Mörder soll bestimmt zu Hause bleiben,
Weil sie dann morgen wieder kommen tät.

5. Als andern Tags – genau wie sie versprochen –
Die Polizei kam wieder in das Haus,
Da war die Polizei doch sehr verwundert,
Denn da war wieder niemand z' Haus.
Und auf dem weißen Zettel stand geschrieben –
Das war der Polizei dann doch zu barsch –
Da stand geschrieben – dreimal unterstrichen:
»Die Polizei – – – sie lebe dreimal hoch!«

Der Regen

Der Regen ist eine primöse Zersetzung luftähnlicher Mibrollen und Vibromen, deren Ursache bis heute noch nicht stixiert wurde. Schon in früheren Jahrhunderten wurden Versuche gemacht, Regenwasser durch Glydensäure zu zersetzen, um binocke Minilien zu erzeugen. Doch nur an der Nublition scheiterte der Versuch. Es ist interessant zu wissen, dass man noch nicht weiß, dass der große Regenwasserforscher Rembremerdeng das nicht gewusst hat. Siedendes Regenwasser gehört zu den heißesten Flüssigkeiten der Gegenwart. Dem Regen am Nächsten liegend ist der Regenwurm – er lebt vom Regen, genau wie der Regenschirmfabrikant. Regenschirm und Sonnenschirm sind zwei gleiche Begriffe, und doch würde ihre Verwechslung zu einer nicht vorausgeahnten Katastrophe führen, denn einen Regenschirm kann man im Notfalle als Sonnenschirm benützen, dagegen kann man einen Sonnenschirm im Notfalle kaum als Regenschirm benützen.

Die Regentropfen gleichen in der Form den Hoffmannstropfen, die, an der Medizinflasche hängend, eine ovale, frei in der Luft schwebend, eine runde – und auf einer Tischplatte liegend, eine platte Form besitzen. Regenwasser benützt man häufig zum Gießen von Wiesen, Gräsern, Blumen, Unkraut und Gärten. Kinder benötigen den bekannten Mairegen zum Wachstum, und es ist statistisch nachgewiesen, dass die Kinder wirklich wachsen, auch wenn sie nicht mit Mairegen begossen wurden. Der allerschönste Regen ist der Regenbogen – gar kein Vergleich mit dem Münchner Maffeibogen, jener ist ein Wunder des Himmels, Letzterer ein Gräuel der Stadt München. Nur an Farbenschönheit überragt Ersterer den Letzteren.

Das Regenwetter wird oft mit Sauwetter, Hundswetter betitelt. Die Theater-, Kino- und Kaffeehausbesitzer haben derlei Ausdrücke noch nie über ihre Lippen gebracht. Heftige Regengüsse nennt man Wolkenbrüche, damit ist gemeint, dass irgendeine Wolke so schwer mit Wasser gefüllt ist, dass sie bricht, welchen Vorgang man beim menschlichen Biermagen mit Katzenjammer bezeichnet. Gegenmaßnahmen zur Heilung von Wolkenbrüchen sind zurzeit noch nicht gemacht worden, da Wolkenbruchbänder der großen Dimensionen halber noch nicht hergestellt werden können, und zwar aus technischen Gründen.

Künstlicher Regen wird durch Gießkannen erzeugt. Unglaubliche Sitten und Bräuche werden aus dem Mittelalter erzählt. Ich zähle hier schon einige mehr an Aberglauben grenzende Tatsachen auf: Bei den alten Germanen wurden schnell alternde Kinder mit frisch gefallenen Regentropfen geimpft. Während dieser Injektion musste der Urgroßvater des betreffenden Kindes einen vierstimmigen Choral singen. Ein weiterer Aberglaube bestand darin, Ehesünder auf folgende Art zu entlarven: Bei strömendem Regen musste der Ehemann 100 Meter weit laufen, unmittelbar nach seiner Ankunft am Ziel wurden die auf seinen Körper gefallenen Regentropfen schnell gezählt – waren es über 1000 Tropfen, war er ein Ehesünder.

Weitere wissenschaftliche Fortschritte über Regenwasser sind bis heute noch nicht gemacht worden. – Die Feuchtigkeit des Regens soll im Mittelalter nicht so stark gewesen sein wie heutzutage, was ja auch der jüngst vergangene langanhaltende Regen beweist. Denn die verflossene Feuchtigkeit konnte nicht mehr mit Bodenfeuchtigkeit, sondern mit Hochwasser angedeutet werden. Und was Hochwasser bedeutet, wissen wir alle noch von der Sündflut her, die vielen unvergesslich bleiben wird. Aber dennoch denken wir dabei an die Worte des Dichters:

Sich regen – bringt Segen. Oder (vielleicht, sogar!) nach Regen folgt Sonnenschein!

Karl Valentins Olympia-Besuch 1936

»*Hier sitz ich alleine und spähe umher und lausche hinauf und hernieder*«, so heißt es in dem alten Lied »An der Weser«. So ähnlich erging es mir, als ich allein im Olympia-Stadion saß. Wie kam es, fragte ich mich selbst, dass ich zur Olympiade zu spät kam?? Ich blieb mir die Antwort nicht schuldig: »Ihr Leichtsinn ist daran schuld!«, erscholl es von meinen Lippen. (Ihr bedeutet ich selbst. Denn aus Eigentrotz sage ich selbst zu mir nicht »Du«, sondern »Sie«, weil man da vor sich selber viel mehr Respekt hat, als mit der Duzerei.) Nur *einen* Tag zu spät und dennoch zu spät! – O Herr, bewahre mich bei der nächsten Olympiade 1940 vor solchen Etwaigitäten. – Trotzdem ich mich setzte, war es doch entsetzlich, als ich allein dasaß, in einer Hand die verfallene Eintrittskarte, die andere Hand in meiner eigenen Hosentasche. Um mich herum saß nirgends niemand – das große Schweigen ringsumher war still und lautlos. Meine einzige Unterhaltung war das »Warten«. Zuerst wartete ich langsam, dann immer schneller und schneller, kein Anfang der Olympischen Spiele ließ sich erblicken – da endlich von mir ein schriller Blick, und meine Augen starrten hinunter zu dem Eingang bei der Kampffläche. Ich sahte einen kleinen Jemand, der Jemand scheinte mich zu suchen, was diesem auf den ersten Blick gelang. Unsere Pupillen kreuzten sich in der Mitte unserer Entfernung. Ich saß – sie kam –, nur sie allein, die kleine Liesl Karlstadt, klärte mich darüber auf, dass *gestern* der letzte olympische Tag gewesen ist. – »Ist das schade!«, schrie ich teilnahmserregt in den blauen Äther hinaus. Ich schnellte langsam von meinem Sitz empor, flugs verließen wir die Stätte des großen »Gewesenseins«. Freudezerknittert traten wir per Verkehrsmittel die Heimfahrt an in die Stammkneipe am Kurfürstendamm. – Wir Sachsen haben in Berlin einen eigenen Stammtisch, dort kommen täglich alle Münchener zusammen, und da wird erzählt, von diesem und jenem, von jenem weniger, dafür öfter von diesem. Ich konnte leider heute zu meinem Bedauern nichts von den Olympischen Spielen erzählen, da ich ja nichts gesehen hatte – und alle lauschten umsonst.

Auf dem Flugfeld

Es ist im Leben herrlich eingerichtet,
Dass man jetzt wie ein Vogel fliegen kann.
Und wenn sich auch noch mancher dabei 's G'nick bricht,
Das hat er für die Wissenschaft getan;
Ich fliege auch und habe hier erfunden
'nen Aeroplan so winzig und so klein
Und fliegt er nicht, denk ich wie mancher andere:
Mit'm Flieg'n ist's nix – es hat nicht sollen sein.

Das war heut eine Hetz auf dem Flugplatz drauß'. Zum Fliegen bin i ganga, wär viel g'scheiter g'wes'n, ich wär zum Fliegen fangen gangen, dann hätt ich wenigstens für meinen Laubfrosch Futter heimgebracht, so hab ich gar nix gehabt als Schand und Spott. Also die Leut hab'n gelacht, den ganzen Nachmittag bin ich versuchsweise mit meiner Flugmaschine auf der Wiese rumgerennt. Meinen Sie, ich wär in d' Höh 'naufkommen, keinen Millimeter. Ich bin ja froh, *dass* es nicht geht, aber die Blamage.

Drei Jahr arbeit ich jetzt an der Erfindung hin und jetzt gehts nicht. Gehn brauchts eigentlich gar nicht, wenns nur wenigstens fliegen tät. Ich trau mir gar nicht mehr heim, ich schäm mich so viel, z' Haus hab ich heut schon feierlich Abschied g'nommen von Frau und Kind, von den ganzen Hausinwohnern; mei Frau hat g'sagt zu mir, wennst dich nur einmal dafall'n tätst, mit deiner dummen Fliegerei. Ja, hab ich g'sagt, da muss ich schon erst hinaufkommen, herunten werd ich mich nicht gut dafall'n könna.

Sehr viel Leut war'n heut auf dem Flugfeld. Der Aviatiker, wenn Sie sich noch erinnern könna, der sich vor zehn Jahren in Paris erstürzt hat, war heut auch drauß' und hat sich meinen Flugapparat besichtigt. Er hat zu

mir g'sagt: Mein lieber Herr …, mit dem kleinen Ding werden Sie niemals fliegen können. Ja, hab ich g'sagt, ich bin ja froh, wenn ich net fliegen kann, meinen Sie, ich mag auch schon so jung sterben wie Sie.

Talent gehört halt dazu zum Fliegen. Mein Freund fliegt alle Woche ein paarmal, der braucht aber keinen Aeroplan dazu – mein Freund ist nämlich Reisender, der fliegt nur in Stiegenhäusern herum.

Wissen Sie, 's Fliegen ist nicht gefährlich, sehn Sie, ich setz den Fall, ich könnt mit dem Apparat wirklich flieg'n, mir passiert nie was, weil ich da viel zu vorsichtig bin. Sehn S' das Kissen hier: Wär ich da wirklich so 3 bis 6000 Meter hoch in den Lüften oben und ich hätt gemerkt, dass ich stürz, hätt ich doch sofort das Kissen runter auf die Erde geworfen und wär dann draufg'fall'n; so hart fällt man doch nicht, wie am blanken Boden – außer, man fällt neben das Kiss', dann ist man auch selbst schuld, da muss eben alles gelernt sein. Das Sicherste wäre es freilich, wenn man das Kiss' schon vorher dahinlegen tät, wo man später runterfällt, aber das weiß man eben nicht.

Dies hier ist schon mein zweiter Apparat, den ich erfunden habe. Mein erster Apparat ist noch weniger geflogen als der, wo der schon nicht fliegt; jetzt können S' Ihna vorstellen, dass mein erster Apparat überhaupt nicht geflogen ist.

So, nun werd ich mich verduften jetzt mit meinem Aeroplan,
Stell die Steuer nach dem Winde, der Motor läuft langsam an,
Immer schneller der Propeller, wird wohl nicht explodiern,
Ja, mir steht vor lauter Angst der Todesschweiß schon auf der Stirn.
So, nun gehts los, das Fliegen, das ist dust, hoch oben in der Luft,
Wenn der Motor so pufft, sowie ich flieg, da ist doch nichts dabei,
Da brichst dirs G'nick auf keinen Fall: »Ein Hoch der Fliegerei!«

Das Kragenknöpferl

MANN *(sucht Kragenknöpferl):* Fanny, wo hast denn mei Kragenknöpferl?

FRAU: Jetzt geht wieder d' Suche nach dem Kragenknöpferl an, 100 000 Kragenknöpferl hab ich dir schon heim –

MANN: Dös is zu viel – oans brauch ich bloß.

FRAU: Ich möcht bloß wissen, wo du die Kragenknöpferl immer hinbringst, ich glaub, du frisst as direkt. *(Nimmt Knopfschachtel, beide rennen sich die Köpfe zusammen, er findet eins.)* Jetzt mach ich mich fertig – ah, in d' Küch muss ich noch mal. *(Ab.)*

MANN *(ruft):* Wo is denn mein Kragen?

FRAU: Wo'st'n gestern hing'legt hast.

MANN *(kann den Kragen mit Knöpferl nicht einmachen):* Fanny, mach mir mein Kragen ein, bevor ich narrisch werd.

FRAU *(kommt mit der Brennschere im Haar):* Du musst mir schon mei Ruh lassen, sonst werd ich auch nicht fertig – was soll ich denn tun?

MANN: Mein Kragen sollst mir einmachen, sonst wirf ich ihn hinter.

FRAU: Da, heb amal d' Scher!

MANN: Au – dumme Gans, gibt's mir die heiße Scher so in d' Hand.

FRAU: Ja, wie soll ich dir's denn sonst geben, ich kann dir's doch net so geben! *(Brennt sich auch.)* Auh!

MANN *(wirft das Knöpferl hinter):* Jetzt hab ich mei Knöpferl hinterg'worfen. *(Er reißt ein paarmal die elektrische Lampe runter und stößt sich den Kopf an.)*

FRAU: Jetzt hat er wieder kein Knöpferl – also wennst so weitermachst, dann kommen wir zu spät, dös sag i dir glei. *(Sucht das Knöpferl.)* Vielleicht ists unterm Diwan?

MANN: Der is ja hingemal'n, da unter dö Kommode is es hing'fall'n! *(Sie*

bückt sich suchend, er hebt die Kommode etwas auf, Geschirr fällt herunter. Frau: schimpft.)

MANN *(lacht)*: Da is ja 's Knöpferl! Wo is denn mei Kragen – –?

FRAU: Jetzt hat er wieder koan Kragen – – – da is er ja!

MANN: Nein, an Kragen, ja, da is er.

FRAU: Ich zieh mich jetzt an, dann is wenigstens eins fertig; soll ich das schwarze Kleid anziehn?

MANN: Ja –

FRAU: Oder das braune?

MANN: Ja –

FRAU: Ich kann doch net zwei Kleider anziehn!

MANN: Dann friert's dich net.

FRAU: Wenn man nur dich um was fragt – jetzt ziag i amal 's braune an – dann sehn ma's schon, 's schwarze kann i dann immer noch anziehn. *(Ab.)*

Fräulein Kunigund

Sehn Sie dort das schlanke Mädchen sitzen
in der Ecke mit den gelb und weißen Spitzen
mit den Siegfriedhaaren und der weißen Hand
elegant – elegant … … … …

Das ist das Fräulein Kunigund,
die war wie eine Kugel rund,
sehn Sie das Mädchen an,
nun ist fast nichts mehr dran.
Sie trieb aus starker Koketterie
zu heftig die Punktrollerie,
das Fett schwand augenblicklich,
nun ist sie dürr und glücklich.

2

Sehn Sie dort das schlanke Mädchen baden,
keinen Busen – keine Dingsda – keine Waden,
Wie ein Aal so glatt, so schlängelt sie dahin,
spindeldünn – spindeldünn … … … …

3

Sehn Sie dort das Mädchen mensendieken,
treibt Gymnastik, schwingt die Beine bis zum Rücken,
zählt Kalorien, dann wird sie auch nicht krank
und bleibt schlank – und bleibt schlank … … … … …

Vereinsrede

Sehr verehrte Versammlungsteilnehmer!

Wenn ich heute das Wort ergreife, so halte ich es für meine Pflicht, einer Sache näherzutreten, die Ihnen und uns und für alle Zukunft ein Problem von schwerwiegender Bedeutung zu bleiben scheint. Gewiss haben wir nicht die volle Gewissheit, was in Anbetracht einer Zerklauberei der ewig unmöglich erscheinenden Begleiterscheinungen in sich vereinigt, denn gerade hier bieten sich einschneidende Bedingungen, die von vorneherein ein für alle Mal ausgemerzt werden müssen. Die Vergangenheit hat uns gezeigt, dass gerade in diesem Punkte gesündigt wurde, schon aus dem Grunde, weil ein Zusammenkommen jener wichtigen Erscheinungen stets verschwiegen wurde. Wir haben uns mehr denn je über diese Kleinigkeiten immuniert und haben in Sachen herumgewühlt, statt uns zu sagen: »Freunde, geht ans Werk, greift zu, und ihr werdet es nicht bereuen.«

Glauben Sie nicht, meine Herren, o bewahre, schauen Sie sich selbst ins Gesicht, und Sie sehen Ihre eigenen Masken – herunter damit! Nein, fühlen Sie sich nicht dazu genötigt, denken Sie an das Problem der Atomzertrümmerung, denken Sie an die Worte des Sokrates: »Femina, Feminima monstrum Vivat Concenbinatum – o eleonoris causa veni vini vizi.« Meine Herren, Schatten der Gegenwart möchte ich verpflanzen wie Minderwertigkeiten, welche nur zu deutlich aufgerollt werden, wenn uns die Zeit nicht selbst den Stempel des Daseins auf die Stirne drückt. Aber wenn wir der Einsicht nähertreten, so werden die Nebenstehenden die Schäden und Nutzen am eigenen Leibe verspüren, denn zu heiß wurde noch keine Suppe gegessen, und wenn, dann verbrennen sich die den Schnabel, die sich mit den bittersten Enttäuschungen selbst am Ufer der Vernunft ins Lächerliche gezogen haben. Es ist nicht gleichgültig, ob ich sage: »Ich bin oder ich werde« – nein, meine Herren, Zufälligkeiten und Abdrosselungen eigener

Anschauungen haben sich noch nie zu einer Konservierung von Gedanken verbinden lassen. Wehe dem, der sich selbst, wehe dem, dem derjenige nur das ist, was wir uns von diesem erwartet haben. – Selbst ist die Frau! – Meine Herren! Wenn uns die Besonnenheit von unseren Sorgen, deren wenige ein verblendendes Spiel in uns gesetzt, zum Zwecke des Mittels, einen wie bei jedem, wir können nicht das gute Gewissen mit derselben Resignation verknüpfen, der unserem Standpunkt von vorneherein gegenüberstand. Wenn wir in lückenloser Vergangenheit eine Parallele ziehen, wenn wir uns vergegenwärtigen, dass nur Trotz und ein Gegenspiel von weittragender Bedeutung ein Resultat fördert und damit nie wiederkehrende Gelegenheitsfinumen erzielt werden können und wir hiermit unser Gewissen nicht unnötig belasten, dass eine Voraussagung eventueller Submissionsschwierigkeiten einen spontanen Verlauf nehmen oder nehmen müssen, dann ist es besser, wir vermeiden jegliche Inspirationen, die durch Sicherungen seitens kollektiver Kongresserörterungen ausgerottet werden. Es gab eine Zeit und diese Zeit lässt sich Zeit, denn im Zeitabschnitte dieses Zeitabschnittes wird die Zeit kommen, die wir zeitlebens nie vergessen werden. Und wenn es am Sonntag wider alles Erwarten wirklich schlechtes Wetter ist, müssen wir unser Stiftungsfest auf den nächsten Sonntag verschieben.

Blödsinn-Verse

Die Herrschaften verzeihen,
sollt' ich hier oben stör'n,
Sie können jetzt von mir einmal
An großen Blödsinn hör'n.
Sollt's Ihnen nicht gefallen,
Da liegt mir gar nichts dran,
Ich bitt' schön, hören Sie mir zu,
Nun geht der Unsinn an:

Es ist doch kaum zu glauben,
Was kürzlich erst passiert,
Ein Baumeister der hat sich da
Ganz fürchterlich blamiert,
Denn als der Bau beendet,
Er voll Entsetzen ruft:
Wir hab'n ja kein Parterr' gebaut,
Nun hängt 's Haus in der Luft.

Erst kürzlich fuhr ein Auto
Ganz leer an mir vorbei,
Und dass das übel riechen tut,
Das war mir nicht mehr neu.
Denn dieser Autoführer,
Das ist doch kein Gebahr'n,
Trotzdem dass niemand drinnen saß,
Ließ er doch einen fahr'n.

Ein Meister sagt zum Lehrbub:
Besorg mir einen Gang,
Und schneide nur den Weg recht ab,
Dann brauchst du nicht so lang.
Der Lehrbub bleibt dumm stehen
Und schaut den Meister an,
Und sagt: Geb'n S' mir d' Scher' mit,
Dass ich 'n Weg »abschneiden« kann.

Es gibt noch dumme Leute,
Behaupte ich genau,
Einen Operngucker kaufte sich,
Erst kürzlich eine Frau.
Sie schaut hinein in'n Gucker
Und sagt, das ist gemein,
Da ist ja gar kei' Oper drin,
Das muss a Schwind'l sein.

Beim Feuerwerk

VALENTIN: Sie, Herr Nachbar, Sie, Herr Nachbar, wann wird denn das Feuerwerk abgebrannt?

KARLSTADT: Ah ja, sobald es finster wird, glaub ich.

VALENTIN: Ja, jetzt ist es eigentlich noch nicht recht finster.

KARLSTADT: Ja, deshalb wirds ja auch jetzt noch nicht abgebrannt.

VALENTIN: Wenns aber heut nicht ganz finster wird?

KARLSTADT: Dann wirds jedenfalls heut auch abgebrannt werden.

VALENTIN: Dann könnt mans doch jetzt abbrennen, denn jetzt ists doch noch nicht ganz finster.

KARLSTADT: Ach was weiß denn ich, jedenfalls ist es wahrscheinlich jetzt noch zu hell, dunkler muss es auf alle Fälle werden.

VALENTIN: Ja, erlauben Sie noch eine Frage, wenn es aber heute ausnahmsweise nicht ganz dunkel werden würde?

KARLSTADT: Geh, reden S' doch kein Mist daher, dunkel wird es doch jeden Abend.

VALENTIN: So – ja wenn es, wie Sie sagen, jeden Abend dunkel wird, dann könnte man doch auch jeden Abend ein Feuerwerk abbrennen!

KARLSTADT: Ja, gewiss könnt man das, aber das hätte doch gar keinen Sinn, denn dann wär doch ein Feuerwerk was ganz Alltägliches.

VALENTIN: Ja, dann hätt doch das auch keinen Sinn, wenns täglich dunkel wird.

KARLSTADT: Ah geh, das hätt eben schon einen Sinn, denn wenns auf der Welt niemals dunkel werden tät, dann könnte man auch niemals ein Feuerwerk abbrennen.

VALENTIN: Warum könnt man das nicht? Es heißt doch, alles kann man, wenn man will.

KARLSTADT: Jaja, natürlich kann man das Feuerwerk auch jetzt abbrennen, aber man siehts doch nicht, weils doch noch zu hell ist, begreifen S' denn das gar nicht?

VALENTIN: Ja, wenn es finster ist und das Feuerwerk wird nicht abgebrannt, dann sieht man ja doch auch nichts!

KARLSTADT: Ah, lassen S' ma doch jetzt endlich amal mei Ruah, das ist doch ganz klar, dass man im Finstern nichts sehen kann!

VALENTIN: Ein Feuerwerk auch nicht?

KARLSTADT: Ja – ein Feuerwerk, das sieht man auch im Finstern.

VALENTIN: Auch wenns nicht angezunden wird?

KARLSTADT: Ah na – da kann mans doch nicht sehen.

VALENTIN: Aber wenns hell wird, dann sieht mans schon?

KARLSTADT: Mein Gott, Sie bringen mich direkt zur Verzweiflung ... wenn ein Feuerwerk nicht angezündet wird, dann sieht mans nicht, obs jetzt hell oder dunkel ist, und jetzt bitt ich Sie um Himmels willen, lassen S' mir jetzt endlich amal a Ruh' mit Ihrer saudummen Fragerei und warten S' doch amal, bis dann endlich dunkel wird.

VALENTIN: Ja, ich kann mich doch nicht bis morgen früh daherstellen und warten bis es dunkel geworden ist!

KARLSTADT: Bis morgen früh, das brauchts auch gar net, bis morgen in der Früh, da wärs ja schon lang zu spät, da wirds doch schon wieder hell in der Früh.

VALENTIN: Ja, aber wenn ...

KARLSTADT: Ach steig'n S' ma doch am Buckel 'nauf ...

VALENTIN: Ja, jetzt ham S' mich auf eine gute Idee bracht – von eahnan Buck'l aus, siech i 's Feuerwerk viel besser. *(Musik setzt ein.)* Da jetzt – d' Musi spielt schon, da gehts schon an, schaun S' hinter. *(Man hört Raketenzischen.)* Ah, ah, Raketen!

KARLSTADT: Ah, ah, blau, wunderbar!

VALENTIN: Ah, schaun S' dö schönen Farben, ah, ja, was is denn dös? Da schaun S' hin, lauter Silber und Gold, wunderbar, wunderbar, wunderschönbar!

KARLSTADT: Ja, wunderbar! No, was sagn S' jetzt, Herr Nachbar, wie hat Ihnen jetzt das Feuerwerk g'fall'n?

VALENTIN: Ja, wunderschön, ein Feuerwerk ist halt immer was wunderbares. Schön wars und kracht hats oft, aber … *(schnüffelt)* stinken tuts nach einem Feuerwerk furchtbar – jaja – es riecht nicht alles gut, was kracht!

All Heil!

»All Heil!« – Wenn man es eigentlich richtig betrachtet, ist das Radfahren eine große Dummheit. Ich zum Beispiel fahrat ja überhaupt nicht, aber mir hat es der Doktor angeordnet, der hat g'sagt, ich muss Bewegung haben, sonst wer' ich zu fett. Fett bin ich eigentlich gar nicht, ich bin nur leichtsinnig – wie oft bin ich schon auf d' Nacht ohne Glocke ausg'fahr'n, nicht amal a Licht hab ich dabeig'habt und auf d' Nacht fahr ich nämlich nie ohne Licht aus, bei Tag weniger, außer es wird recht früh Nacht, wie im Winter z. B., und im Winter fahr ich überhaupt nicht.

Was hab ich schon Malheur gehabt mit der Radlerei! Erst kürzlich bin ich wieder mitsamt mein Radl unter a Automobil 'neinkommen, hab aber ein Glück dabei g'habt, wie mich nämlich der Chauffeur unterm Wagen rauszieht, sieht er, dass ich a guter Spezi zu ihm bin, natürlich hat er dann sofort bremst, sonst wär ich sicher kaputt gewesen.

Darum sag ich, ich gib die ganze Radlerei noch auf, aber bevor ich mein Rad an einen andern verkauf, fahr ich doch lieber selber – – und mir tut das Radfahren gut, a jeder kanns net vertragen, da muss ma guat beinand sei, vor allem g'sund auf der Brust *(hustet),* ich halt auch was auf meine Gesundheit, ich leb auch darnach. Bei mir heißts in der Früh um 11 Uhr raus aus'n Bett, a paar gute Zigaretten g'raucht, z' Mittag a Paar Regensburger in Essig und Öl, recht sauer, das macht Blut. – Nachmittags a kleine Radtour nach Holzkirchen, aber gemütlich 70 km, wenn man dann so erhitzt am Ziel angelangt ist, net glei in a warm's Lokal 'neisetz'n, nein! zuerst im Hausgang a bisserl stehnbleib'n, wo 's recht zieht, damit der Schweiß am Körper trocknet, wenns einem dann 's Frieren anfangt, net glei a warme Limonad trinken, nein!, a frische Maß Bier schnell 'nunterstürzen und a Stück Brot danach essen, dann kann einem nix passieren – – nur auf diese Weise bekommt man ein kräftiges, blühendes Aussehen, schaun S' mich

an, ich treib das schon wochenlang. A paar Freunde von mir hab'n diesen Rat auch befolgt, dene fehlt jetzt nix mehr.

Wissen Sie, jetzt fahr ich nur mehr zum Vergnügen, früher wars ja mein Beruf, ich war nämlich früher roter Radler. Weil ich aber amal als roter Radler am »Gründonnerstag« »blau« g'macht hab, hat mir mein Prinzipal »weiß« g'macht, dass dös net sei darf und hat mir kündigt.

Verunglückt bin ich auch schon, bei meinem letzten Rennen hab ich einen Nabelbruch erlitten – Gabelbruch, seit dieser Zeit hab ich die Rennerei satt. In meinem Leben mach ich kein Radrennen mehr mit. Ich muss zu meiner Schande gestehen, dass ich bei jedem Rennen der Letzte war, da war aber nicht ich schuld, da war'n die andern schuld, weil die immer vorg'fahr'n sind. Sehn Sie, der wo den ersten Preis g'macht hat, der Mann ist krank, der leidet an Verfolgungswahn, der bildet sich bei jedem Rennen ein, der Zweite fahrt ihm immer nach, und das war auch beim letzten Rennen der Fall – natürlich fährt doch der wahnsinnig dahin, der muss doch der Erste werden. Das ist aber doch nicht gerecht, da soll man doch nur gesunde Leute dazu nehmen, wie ich. Wenn auch nicht jeder der Erste wird, das soll auch bei einem richtigen Rennen nicht vorkommen, das hätte auch gar keinen Sinn.

Ein paarmal hab ich ein Schrittmacher g'macht, aber da hams mich net brauchen können, weil ich zu wenig Luft verdrängt hab.

Zum Schluss erzähl ich Ihnen noch was Interessantes: Ich bin nämlich Vorstand des Radlerklubs »d' Windhund« und da hab'n wir von der Fabrik eine neue Standarte kriegt, und in die Standarte war mit goldenen Buchstaben der schöne Spruch hineingestickt »Der Mensch denkt und Gott lenkt« – wie ich das gelesen hab, hab i mei Radl packt, bin auf d' Straß naus, hab mi 'nauf g'setzt und bin dahingefahren, ohne zu lenken – – dabei wirfts mich glei so an a Hauseck hin, dass ich drei Stund blödsinnig war – na, hab i mir denkt, mi drahts es nimma o mit euchere Sprüchwörter, und seit dieser Zeit lenk ich wieder selber. – All Heil!

Der Ententraum

BENE: Ich hab jetzt grad einen Traum g'habt, einen ganz exotischen Traum. Mir hat nämlich träumt, i bin a Ent'n g'wes'n und bin in an Weiher umeinandg'schwommen, und wie ich so umeinandschwimm, seh ich am Rand draußen einen ganz langen, gelben Wurm, der war mindestens *so* gelb, i bin glei auf ihn hing'schwommen und grad wie i an Schnabel aufreiß'n will und will den Wurm fress'n, im selben Moment hast du mich aufg'weckt.

MICHL: Das ist aber schad. Wenn ich da eine Ahnung g'habt hätt, dann hätt ich dir den Wurm zuerst fressen lassen, aber das kann ich doch net schmecken, dass du um 6 Uhr noch träumst.

BENE: Ja, und ich kann doch net zu dir sag'n, weck mi net auf, weil i träum!

MICHL: Nun ja, es ist ja gleich, ein schöner Traum war's doch net.

BENE: Ja, für a Ent'n sch–

MICHL: Ja, für a Ent'n, aber du bist ja koa Ent'n!

BENE: Ja, aber im Traum war ich eine Ent'n; überhaupt für solche Träume bist du noch z' jung.

MICHL: Du darfst mir ja dankbar sein, dass ich dich aufgeweckt hab, denn wenn ich dir den Wurm fress'n hätt lassen, dann wär dir jetzt höchstens recht schlecht.

BENE: Einer Ent'n wird doch net schlecht von einem Wurm, verstehst du denn das nicht. Das weiß überhaupt kein Mensch, ob eine Ent'n wirklich träumt, das weiß niemand, das wäre eine zoologische Berechnung, und wann's einer Ent'n wirklich träumt, dann kann sie's nicht sagen, weil's net reden kann! Bei einem Papagei wär das was anders, weil der reden kann.

MICHL: Du musst dir doch denken, das war doch nur ein Traum, und Träume sind Schäume.

BENE: Das war kein Schaum, das war ein Wurm, und jetzt holst an Kaffee, da hast 15 Kreuzer (Pfennig hats seinerzeit noch keine geb'n) also oan Kaffee, oan für mi und oan für di – und oan für uns zwoa – im ganzen fünf Kaffee.

MICHL: Ja, soll i da mei Trommel mitnehmen oder soll ichs dalassen?

BENE: Entweder du nimmst es mit, oder du lasst es da, keinen goldenen Mittelweg gibts da net.

MICHL: Soll ichs na mitnehmen?

BENE: Ja –

MICHL: Oder soll ichs dalassen?

BENE: Dös is doch wurscht, jetzt nimmst as z'erst mit und dann lasst as da.

MICHL: Aaa, dann lass ichs schon lieber glei da, dann brauch ichs überhaupt nicht mitnehmen. *(ab)*

Lora

VALENTIN: Da schau mal her, was ich dir heute mitgebracht habe.

FRAU: Ei! Ein Papagei! Oh, ist der schön – und ganz in Feldgrau – oder ist er schon altersgrau?

VALENTIN: Nein, nein, der ist noch nicht alt, aber sehr gelehrig und kann sehr viel sprechen, singen, pfeifen; er schreit: eins, zwei, drei, hurra! Sag mal schön, wie du heißt, komm, sags schön.

LORA: *(schweigt)*

FRAU: Na, sags schön, wie du heißt?

LORA: *(schweigt)*

VALENTIN: Komisch – ich habe den Papagei meinem Freund Obermeier abgekauft, und da hat das Luder in einem fort geschwätzt.

FRAU: Das ist schon möglich, er fühlt sich wahrscheinlich hier noch fremd.

VALENTIN: Kann sein – na, Lora, du brauchst dich bei uns nicht fremd fühlen, sag mal schön, wie heißt du?

LORA: *(schweigt)*

VALENTIN: Hoffentlich bleibt er bei uns nicht fremd, denn nur zum anschaun wäre der Preis zu hoch.

FRAU: Was hast du denn dafür bezahlt?

VALENTIN: Hundert Mark.

FRAU: Hundert Mark? Das ist allerdings für einen nichtsprechenden Papagei zu viel.

VALENTIN: Nichtsprechend ist er ja nicht, er spricht ja – nur bei uns spricht er jetzt nicht, bei Obermeiers hat er ja gesprochen.

FRAU: Ja, bei Obermeiers – wir können doch nicht jedes Mal den Papagei zu Obermeiers bringen, wenn wir ihn sprechen hören wollen, da wäre es ja vernünftiger, du würdest den saudummen Vogel wieder zurückgeben.

VALENTIN: Er ist nicht saudumm, er kann sprechen, wenn er will – Lora, na, so sag schön, wie du heißt.

LORA: *(schweigt)*

FRAU: Vielleicht ist er heiser?

VALENTIN: Unsinn! Vor einer Stunde, als ich ihn gekauft habe, war er ja auch nicht heiser.

FRAU: Oder vielleicht ist ihm der Käfig zu klein?

VALENTIN: In demselben Käfig hat er doch bei Obermeiers auch gesprochen.

FRAU: Es ist nur schade um das schöne Geld – hundert Mark –, um hundert Mark hättest du ein schönes Grammophon bekommen, das hätte unter Garantie gesprochen und gesungen, und hätte sich sicher bei uns nicht fremd gefühlt.

VALENTIN: Lora – pass auf, da schau her, da hab ich ein Zuckerl – willst du ein Zuckerl! Er redet nicht und deutet nicht, ich könnte ihn zum Fenster hinausschmeißen, diesen – diesen Mistpapagei, diesen mistigen, willst du nun endlich dein Maul aufmachen – ich meine, um diesen Preis braucht man nicht arrogant auch noch sein.

FRAU: Aber ärgere dich nicht, mit Grobheit kannst du bei so einem Tier gar nichts erreichen.

VALENTIN: Ja, du hast recht, jetzt probiere ich es noch einmal, wenn du mir aber wieder keine Antwort gibst, dann fliegst du hinaus – also sag schön, wie heißt du?

LORA: *(schweigt)*

VALENTIN: Weißt du was, mein lieber Papagei, jetzt kannst du mich …

LORA: Du mich auch.

FRAU: Sieh da, er spricht!

VALENTIN: Ja, jetzt ist es zu spät – nun möcht er sich wieder bei mir einschmeicheln.

Brief aus Bad Aibling

Hochwohlgeborne Anni,
liebe Ehefrau und Zuckerschneckerl!

Liebe Frau, teile Dir mit, dass ich in Bad Aibling gut angekommen bin. Bei Ankunft stiegte ich aus demselben Zug aus, in dem ich am Bahnhof zu München einstug. Ich wollte absichtlich nicht weiterfahren, da mein Billett nur bis Aibling giltig war und hätte eine Weiterfahrt keinen Wert gehabt, da ich sonst über Bad Aibling hinausgefahren wäre. Die Eisenbahnfahrt ging sehr schnell, da es ein Schnellzug war; wäre es ein Güterzug gewesen, wäre die Fahrt natürlich nur Güter gewesen. Während der Fahrt aßte ich mein Butterbrot und trankte meinen roten Wein. Vis a vis von meinem Schnellzug sauste auf einmal ein anderer Schnellzug vorbei, und zwar so schnell, dass man die Leute, die in dem anderen Schnellzug saßten, kaum grüßen konnte, obwohl vielleicht ein guter Bekannter hätte drin sitzen können, der dann am andern Tag zu mir gesagt hätte: Gestern waren Sie aber protzig, weil Sie mich nicht einmal gegrüßt haben. Die Fahrt ging dann weiter; auf einmal wurde es mir not, die Notkabine war aber besetzt; deshalb zogte ich die Notbremse, und der Zug stund. Der Eisenbahnbesitzer stiegte zu mir in das Kouplet und schrub mich auf wegen Notzug. Die Gesellschaft im Eisenbahnwagen war sehr gemischt; es waren fast lauter Reisende, nur der eine Herr, der in München den Zug versäumte, fuhr nicht mit, da er wahrscheinlich mit dem nächsten Zug hinter uns nachkommt, in welchem wir auch gefahren wären, wenn wir den Zug auch versäumt hätten.

In Aibling selbst ist es sehr schön, obwohl es, glaube ich, sehr wenig Weinkneipen dort gibt. Gestern hat mich der Kurarzt untersucht; er meint, ich müsste nicht im Bett liegen bleiben, nur bei Nacht müsse ich im Bett bleiben, was ich ja sowieso getan hätte. Sonst geht es mir gut; ich ha-

be mein eigenes Zimmer, in welchem sechs Betten stehen, wovon aber nur vier besetzt sind von vier Patientinnen.

Ich schließe nun meinen Brief und hoffe, dass Du mir in München treu bleibst, wenigstens halbe treu, zum Mindesten viertel über zwei. Meine Uhr habe ich vergessen, wir haben auch in unserem Schlafsaal keine Uhr.

Wen Du mir wieder schreibst, schreibe bitte in den Brief hinein, wie viel Uhr es ist. Ich weiß gar nicht, wie ich an der Zeit bin.

Es grüßt und küsst Dich
hochachtungsvollst
ergebenst
Nepermuk *Semmelmeier,* Patient,
z. Zt. Bad Aibling

Beim Riesenmädchen

SIE: Gellns, Herr Nachbar, aber a schöns Wetter ham ma heut. – Wir wollten z'erscht gar net rausgehn auf d' Wiesen, aber jetzt reuts mi doch net. Mir ham uns auch schon allerhand ang'schaut.

ER: Im Riesenmädchen war'n mir auch drin'n.

SIE: Was, *im* Riesenmädchen, *beim* Riesenmädchen war'n ma – ich wollt ja nicht hineingehen, aber er hat unbedingt 'neiwolln – da hats ihm d' Augen raustrieb'n – so weit.

ER: Wunderbar – da sieht ma noch was, des tut einem wohl auf die jetzige Mode 'nauf. Solche Formen – – – – –

SIE: Jetzt leb dich nicht so hinein, das hat gar keinen Wert. Und dann war'n ma beim Taucher, das hat mir g'fallen.

ER: Den ham ma gar nicht g'sehn –

SIE: Freili ham man g'sehn –

ER: Nein, der war ja im Wasser drin'n.

NACHBAR: Drum is er ja a Taucher, weil er im Wasser drin'n is – wenn er in der Luft fliegat, wärs ja a Flieger.

SIE: Das ist ein guter Witz, den muss ich mir merken.

ER: Der ist gelungen, den muss ich morgen wieder im Büro erzählen, da erzählen wir den ganzen Tag solche Witze – und im Hippodrom war'n wir auch – da reiten junge Fräuleins auf Gäulen.

SIE: Sie, da hab ich g'schaut, sowas hab ich meiner Lebtag noch nicht g'sehn. Die jungen Mädeln heutzutag – ach, Mädels kann ma da nimmer sag'n, diese – – – – – i mag mich nicht ausdrücken.

NACHBAR: Dö Gwachsa.

SIE: Sie haben den richtigen Ausdruck gefunden – wie sie sich nur nicht schämen – ich bin rot geworden – ich hab nicht mehr hinschauen mö-

gen. Das hat mir auch von meinem Mann g'fallen, der hat auch nicht hinschaun mög'n, gel!

ER: Mög'n hätt ich schon mögen, aber dürfen hab ich mir nicht getraut.

SIE: Da sitzen die Mädel am Pferd drob'n und reiten vor alle Leut umanander – der Rock rutscht ihna rauf, halbert nackert sans – der Bubikopf flattert im Winde und der Balkon geht auf und ab – oh – – – – – mir, wenn einer tausend Mark am Tisch hinleg'n tät, dann tät ich mich auch nicht auf so an Gaul 'naufsetzen vor alle Leut, weil ich da viel zu viel Charakter hab.

ER: Bei dir würde auch niemand hinschaun.

Der Spritzbrunnenaufdreher

GEHEIMRAT: Waren Sie nicht einmal vor vier Jahren bei meinem Freunde, dem Baron Rembremerding, angestellt als Gärtner?

BRANDSTÄTTER: Ja, beim Herrn Baron Rembremerding, da war ich Gärtner. Das heißt, eigentlich war ich kein direkter Gärtner. Ich mein so: Ich war kein Direktor und ich war auch kein Gärtner. Ich war Spritzbrunnenaufdreher.

GEHEIMRAT: Spritzbrunnenaufdreher, ja, ist denn das auch ein Beruf?

BRANDSTÄTTER: Beruf weniger. Es war eigentlich mehr so ein kloans Nebenschanzerl von mir, im ganzen Jahr hab ich ja bloß zwei Mark verdient.

GEHEIMRAT: Zwei Mark im ganzen Jahr? Aber davon kann man doch nicht leben.

BRANDSTÄTTER: Ja, leben schon, aber wie!

GEHEIMRAT: Mir ist das ganz unverständlich.

BRANDSTÄTTER: Da heißt's einteilen.

GEHEIMRAT: Aber wie ist das möglich, dass Sie im ganzen Jahr nur zwei Mark verdient haben?

BRANDSTÄTTER: Ja, das kann ich Ihnen schon erzählen, wenns Ihnen interessiert, Herr Zweirat, Herr Geheimrat! Das war so: Der Herr Baron, der hat nämlich in seinem Park eine – eine – wie heißt mers denn, so eine – eine Funk...

GEHEIMRAT: Eine Funkanlage.

BRANDSTÄTTER: Nein, eine Funk... – so a ausländischer Name – eine Funk...

GEHEIMRAT: Eine Funkstation?

BRANDSTÄTTER: Ja, – nein – Herrgottsakra, jetzt is mir der Name entfalln, eine Funk – eine Funktäne.

GEHEIMRAT: Sie meinen eine Fontäne.

BRANDSTÄTTER: Ja, mir in Giesing drauß' sagen halt Spritzbrunnen, und diesen Spritzbrunnen, den hab ich alle Jahre im Frühling aufdrehen müssen, dann hat er g'spritzt bis zum Herbst. Und wenn dann der Winter kommen ist, nacha hab ich ihn wieder zudrehen müssen. Und da hab ich fürs Aufdrehn a Markl kriegt und fürs Zudrehn auch a Markl, sind zusammen zwei Markl.

GEHEIMRAT: Ja, wissen Sie, Herr Brandstifter ...

BRANDSTÄTTER: ...stätter, bitte!

GEHEIMRAT: Herr Brandstätter, für diese zwei kurzen Tätigkeiten find ich zwei Mark eigentlich ganz gut bezahlt.

BRANDSTÄTTER: Natürlich ists gut bezahlt. Ich mach ja auch dem Herrn Baron keine Vorwürfe, nur z'wenig is halt zum Aufdrahn g'wesen.

GEHEIMRAT: Wieso das?

BRANDSTÄTTER: Ich mein so: Wenn der Herr Baron Rembremerding in seinem Park tausend solche Spritzbrunnen g'habt hätt, die wo mer alle Tag auf- und zudrehn hätt müssen, das wären dann zweitausend Mark pro Tag gewesen, des wär' a Geschäft ...

GEHEIMRAT: Aber ich bitte Sie, welcher Mensch kann sich heutzutage den Luxus von tausend Spritzbrunnen leisten?

BRANDSTÄTTER: Ja, niemand!

Das Christbaumbrettl

MUTTER: Da hast ja 's Bäumerl, ah, der is nett – wunderschön.

VATER: No ja, kindisch is er halt.

MUTTER: Er g'hört ja auch nur für d 'Kinder.

VATER: Ja, ich war in zwei Christbaumfabriken und da hams mir den geb'n.

MUTTER: Ja da is ja kein Christbaumbrettl dran, hast du's verloren? Ich hab doch ausdrücklich g'sagt, du sollst an Baum mit Brettl bringen.

VATER: Ja, der hat ja keins.

MUTTER: Das seh ich ja, dass er keins hat.

VATER: Wie kannst'n das sehn, wenn keins dran ist?

MUTTER: Aufg'schrieb'n hab ich dir's sogar, an Baum *mit* Brettl!

VATER: Ja, die haben lauter Bäum mit Brettl g'habt, das war der einzige *ohne* Brettl.

MUTTER: Und den hast extra rausgesucht?

VATER: Aber so ist er doch viel natürlicher, im Wald wächst er doch auch *ohne* Brettl.

MUTTER: Aber den kann man doch nicht brauchen, den kann ich ja nicht hinstellen am Tisch.

VATER: Dann leg'n man halt heuer hin – jetzt ham ma'n fünfzehn Jahre lang hing'stellt, jetzt leg'n ma amal heuer hin.

Ein Zufall

VALENTIN: Denken's Ihnen nur, wir haben gestern einen Zufall erlebt! Ich und der Anderl gehen gestern in der Kaufingerstraße und reden grad so von einem Radfahrer – im selben Moment, wo wir von dem Radfahrer sprechen, kommt zufälligerweise grad einer daher.

KAPELLMEISTER: Ja – weiter?

VALENTIN: Was weiter??

KAPELLMEISTER: Wo ist denn da der Zufall?

VALENTIN: Ich sag, mir hab'n von einem Radfahrer g'sprochen – und im selben Moment, wo mir von dem Radfahrer g'redt hab'n, is grad einer daherkomma!

KAPELLMEISTER: Ja – und was war dann mit dem Radfahrer? Was hat denn der getan?

VALENTIN: Nichts! – Weiterg'fahr'n is er wieder.

KAPELLMEISTER: Wo is denn dann da der Zufall?

VALENTIN: *Das is ja der Zufall!*

KAPELLMEISTER: Also, das ist doch kein Zufall mit dem Radfahrer da! – Das ist überhaupt nix! – Gar nichts!

VALENTIN: Nicht amal der Radfahrer?

KAPELLMEISTER: Nein – ich mein', das ist doch kein Zufall, wenn da in der Kaufingerstraß'n a Radfahrer daherkommt! – Da fahr'n ja im Tag a paar tausend Radfahrer umanander!

VALENTIN: Nein – *einer* is bloß komma!

KAPELLMEISTER: Ich mein', da kommt fast alle Meter wieder a anderer Radfahrer daher!

VALENTIN: Ja – aber net, wenn man davon redt!

KAPELLMEISTER: Ach, da hätten Sie schon von was ganz anderem reden sollen.

VALENTIN: Wir hab'n aber von nix anderm g'red't!

KAPELLMEISTER: Das weiß ich schon – ich mein' nur, wenn Sie zum Beispiel von einem Flieger g'sprochen hätten – –

VALENTIN: Ham ma net! – Mir haben nur von einem Radfahrer g'red't.

KAPELLMEISTER: Das weiß ich ja – ich mein', *wenn* Sie von einem Flieger g'sprochen hätten! – Und im selben Moment wär' da oben einer dahergekommen, dann wär's eher ein Zufall g'wes'n!

VALENTIN: Ja – 'naufg'schaut hab'n ja mir net!

KAPELLMEISTER: Aber ich mein' doch nur – wenn Sie statt von dem Radfahrer von einem Flieger g'sproch'n hätten!

VALENTIN: Wieso? – Wie kann ich denn von einem Flieger sprechen, wenn ich von einem Radfahrer sprech?

KAPELLMEISTER: Ich mein' eben, – grad so gut, wie Sie von einem Radfahrer g'redt hab'n, hätten S' auch von einem Flieger sprechen können!

VALENTIN: Ausgeschlossen!

KAPELLMEISTER: Ja, haben Sie denn noch nie in Ihrem Leben von einem Flieger g'sprochen?

VALENTIN: Schon oft – aber da nicht –, *da* hab'n mir nur von einem Radfahrer g'redt!

KAPELLMEISTER: Jetzt lassen S' mir mei Ruh', ich will nichts mehr hören von Ihnen!

VALENTIN: Also morgen gehn wir wieder spazieren – dann reden wir von einem Flieger – aber wehe! – wenn dann a Radfahrer daherkommt!

Im Kino

Ich komm jetzt grad vom Kino, ich komm überhaupt immer vom Kino, fast immer darf ich sag'n, na, na, es ist net so gefährlich – ich komm scho hie und da nei, in der Woch vier- bis fünfmal, ja no, da gibts Weiber, die renna ja jeden Tag ins Kino, und d' Hausarbeit lassen's Hausarbeit sein. Na, na, dös sieht mein Mann schon ein, dass a so a brave Frau, wie er hat, auch ein Vergnügen haben muss.

Teuer ists halt jetzt worn' die letzten Jahre, teuer – an Mordseintritt verlangens halt jetzt schon überall, und als Beamtensgattin nimm i halt doch immer an ersten Platz um drei Mark – no ja, a so a 60 bis 70 Markl alle Monat leppern sich schon z'samm mit dera Kinolauferei.

Sie ham scho a allaweil so schöne Flimm auch, sehns so dapperd bin ich, acht Jahr lauf ich schon nei, und net amal wissen tu ich, wia ma sagt – Film hab ich sag'n woll'n, net Flimm.

Ja, das letzte Drama, also ich sag Ihna, prachtbar sag ich Ihna, einfach gotthaft, wia hats jetzt glei g'hoaßen? Das verweste Kind in der Bäckerherberge, ich sag Ihnen, das war flimunimal, das war ein Stuttgart Webbs Flimm – die Astmah Nielsen – das Weib spielt – dl – dl – Entsetzlich, wias da – an dera Telegrafenstange 'naufklettert, na, ich hab nimmer hinschaug'n könna; weil meine Augengläser so schmierig war'n – dö hat mir mei Pepperl dahoam mit seine dreckaten Pratzen voll Marmelad anpappt, der Saufratz.

Ja, d' Astmah Nielsen, die spielt einzig. – Da g'fallt mir die Fern Andra eigentlich – noch viel besser, d' Fern Andra, dös is a andere, die hab ich in dem Sittendrama g'sehn, 13 blutige Herzen – also da reit' die Fern Andra auf an Elefant, also na, was sich so ein Weib alles traut, ich trauert mir net amal auf a weiße Maus 'naufsetzen.

Ja, und was ich sagen will, ham Sie schon an Gunnar Tolnäs gesehen in dem Flimm: Die Lieblingsfrau des Maschkarara? Also, ich sag Ihnen, zum

Verlieben. Sie brauchen ja koan Gebrauch davon machen, aber mir ists so vorkommen, als wenn er unterm Spiel'n ausgerechnet auf mich herg'schaut hätt. Mein Mann, wenn der dös wissen tät, oh, du heilige Dreifaltigkeit, bewahr mich vor so an Leichtsinn, aba ich kann nix dafür! – Sei Fotografie hab ich mir auch schon kauft, da ist er schon wirklich gut troffen, der Tolnäs Gunnar. Die Postkarte trag ich immer am Herzen, oh, du lieber Himmevater, verzeih mir die tollen Streiche. *(Sie zieht die Karten hervor.)*

Na, das ist er nicht, das ist der Erich Kaiser Tietz, den hab ich in dem Drama g'sehn, jetzt woaß i nimmer wias hoaßt, wo ihn die Fabrikbesitzerstocher so herg'schenkt hat, dös Mistvieh. In dö Regina Palast Lichtspiele in der Kaufingerstraße ham's vor vierzehn Tag den Film geb'n, der hat g'heißn: Und da kam Dunkel in das Licht. Also wissen S', so was Schönes hab ich in meinem ganzen Leben noch nicht gehört, a *g'sehn,* wollt ich sag'n.

Vor ein paar Tag hab ich einen komischen Film gesehn, also vor lauter Lachen hätt ich bald in Rock – wie der feine Herr mit dö Händ in den Kuhfladen 'neitappt ist, an ganzen Tag hab ich den Kuhfladen nimmer aus'n Kopf rausbracht. Es ist ja ein großes Geheimnis, was ich Ihnen anvertraue, ich will nämlich von meinem Mann weggehen und warum meinen S'? Ich trau mir's buchstäblich nicht sagen – ich will nämlich auch zum Film gehen. Ja, ich bitt Sie, jeder ist doch sich selbst der Nächste.

Ja, was glauben denn Sie, was so eine Filmschauspielerin Geld verdient? So ein Filmstar? Und ich kann doch vielleicht auch ein Star werden?

Schon oft ham's in einer Schusterwerkstatt einen Heldentenor entdeckt, warum soll man in mir net amal an Filmstar entdecken?

Und drum sing ich:

Im Kino – im Kino, da ists sehr interessant.
Im Kino – im Kino, da sieht man allerhand.
Die neusten Schlager der Saison, die kemma mir net aus,
drum kumm i 's ganze Jahr fast aus dem Kino nimmer raus.

Das Aquarium

Weil wir gerade von einem Aquarium reden: Ich hab nämlich früher in der Sendlinger Straße gewohnt. Das heißt, nicht *in* der Sendlinger Straße, das wäre ja lächersam – in der Sendlinger Straße könnte man ja gar nicht wohnen, weil immer die Straßenbahn durchfährt. Also, in den Häusern der Sendlinger Straße habe ich gewohnt. Nicht in allen, nur in einem davon. In dem, das zwischen den anderen so drinsteckt, ich weiß nicht, ob Sie das Haus kennen. Und da wohne ich. Aber nicht im ganzen Haus, sondern nur im ersten Stock. Der ist unterm zweiten Stock, und da geht in den zweiten Stock eine Treppe hinauf. Das heißt – sie geht schon auch wieder herunter, vielmehr wir, nicht die Treppe, gehen hinauf, man sagt ja nur so.

Und da habe ich in dem Wohnzimmer, wo ich schlafe (ich habe extra ein Wohnzimmer, in dem ich schlafe, und im Schlafzimmer wohne ich), also da habe ich zu meinem Privatvergnügen ein Aquarium. Das steht so in der Ecke drin. Ich hätte ja so ein rundes Aquarium auch haben können, dann wäre aber die Ecke nicht ausgefüllt.

Das Aquarium hat ringsherum vier Glaswände, und unten hat es einen Boden, der das Wasser hält. Wenn Sie nämlich oben Wasser hineinschütten würden, und der Boden wäre nicht da, da könnten Sie ja oben zehn, zwanzig oder sogar dreißig Liter hineinschütten – das würde alles wieder unten hinauslaufen. Bei einem Vogelkäfig sind die Wände auch so ähnlich wie bei einem Aquarium, aber da ist alles ganz anders. Da sind die Wände nicht aus Glas, sondern aus Draht. Es wäre ja auch ein Riesenunsinn, wenns beim Aquarium ebenso wäre, weil das Aquarium das Wasser nicht halten könnte. Da liefe ja das Wasser immer neben dem Draht heraus. Drum ist eben alles von der Natur so wunderbar eingerichtet.

Ja, und ich habe eben in meinem Aquarium Goldfische, und in meinem Vogelkäfig hab' ich einen Vogel. Jetzt hat mich neulich mal die Dummheit geplagt, da hab' ich die Goldfische ins Vogelhaus getan und den Kanarienvogel ins Aquarium! Natürlich sind die Goldfische im Käfig immer wieder von der Sitzstange runtergerutscht, und der Kanarienvogel wäre mir im Aquarium bald ersoffen. Dann hab' ich die Sache wieder richtiggestellt, und nun sind die Fische wieder lustig im Aquarium geschwommen, erst links, dann rechts, dann hinunter, dann wieder hinauf – die schwimmen fast jeden Tag anders.

Vorgestern ist mir ein Malheur passiert. Die Fische brauchten Wasser, und ich hab' einen Wassereimer voll nachgefüllt. Und nun ist das Wasser zwei Zentimeter hoch übers Aquarium hinausgestanden. Das hab' ich aber erst am andern Tag gemerkt, und ein Goldfisch ist über den Rand geschwommen und auf den Fußboden hinuntergefallen, weil wir in dem Zimmer, wo das Aquarium steht, einen Fußboden haben. Nun hat aber der Fisch am Boden kein Wasser gehabt, weil wir so, außer im Aquarium, kein Wasser im Zimmer haben. Da hab' ich den Fisch aufheben und wieder ins Aquarium zurücktun wollen, aber der Fisch war so glatt und ist mir immer wieder aus der Hand geglitscht. Ja, wenn er aus Eisen wäre, dann hätte ich einen Magnet genommen, und die Sache wäre erledigt gewesen. Aber es ist ja wieder von der Natur so schön eingerichtet, dass die Fische nicht aus Eisen sind, sonst könnten sie ja erstens nicht schwimmen, und zweitens könnte man sie ja dann nicht essen.

Also, den Fisch, der da am Boden lag, den hätte ich nie gegessen! Erstens würde ich von einem Fisch nicht satt werden, und wenn ich die anderen auch alle essen täte, dann wäre ja das Aquarium leer! Ess' ich die Fische wirklich und verkaufe das leere Aquarium – hat der andere das Aquarium, und ich hab' die Fische.

Verkaufe ich die Fische – hat der andere die Fische und ich das leere Aquarium. Verkauf' ich das Aquarium mit den Fischen – so wird das ein Transport, der einen zur Verzweiflung bringt. Denn geht man schnell mit dem fischgefüllten Aquarium, dann schwabbelt immer das Wasser raus, und die Fische werden seekrank. Geht man langsam, macht man drei Stundenkilometer! Trägt man die Fische extra und das Aquarium auch extra – werden die Fische kaputt.

Kauft mir der andere nur das Aquarium ab, dann kann er zwar das Aquarium schnell heimtragen, aber er hat keine Fische dazu. Kauft er mir das Aquarium nicht ab und die Fische auch nicht – hat er gar nichts. Und das ist das einzig Richtige. Denn lieber gar nichts, als ein Aquarium, aus dem ein Fisch herausgestürzt ist und der dann am Boden liegt und den man nicht aufheben kann. Nicht, weil er so schwer, nein, weil er so glatt ist, wie ein Fisch!

Natürlich wäre der Fisch auf dem Fußboden bald hin gewesen. Ich wollte ihn mit einem Browning erschießen, aber die Schießerei war mir zu unsicher. Ich nahm den Fisch und warf ihn in die Isar, und er ertrank.

Gott sei Dank!

So amüsiert sich jeder so gut er eben kann

Ein Jüngling u. a Jungfrau
Begegnen sich per Rad,
Die Sache wird sehr kritisch
Sehr enge ist der Pfad.
Und wirklich stößt der Jüngling
Mit der Jungfrau dann zusamm'
So amüsiert sich jeder
So gut er eben kann.